W0084799

Lydia Hauenschild

Wikinger

Illustriert von Emmanuelle Etienne
Mit vielen lustigen Zeichnungen
von Kerstin M. Schuld

FSC

Mix

Produktgruppe aus vorbildlich
bewirtschafteten Wäldern,
kontrollierten Herkünften und
Recyclingholz oder -fasern

Zert.-Nr. SGS-COC-002939
www.fsc.org
©1996 Forest Stewardship Council

ISBN 978-3-7855-6611-4
1. Auflage 2010
© 2010 Loewe Verlag GmbH, Bindlach
Umschlagillustration: Emmanuelle Etienne
Vignetten: Kerstin M. Schuld
Printed in Italy (011)

www.loewe-verlag.de

Inhalt

Vor mehr als 1000 Jahren verbreitete sich in Europa die Angst vor wilden Kriegern, die aus dem Norden kamen. Mit schnellen Schiffen tauchten sie an den Küsten auf, um Städte und Klöster zu überfallen. Diese Zeit der gefürchteten Wikinger-Raubzüge dauerte 300 Jahre lang – von etwa 780 bis 1066 n. Chr.

Die ursprüngliche Heimat der Wikinger waren die Küsten von Dänemark, Norwegen und Schweden. Darum nennt man die Wikinger auch Normannen, also „Männer aus dem Norden".

■ Siedlungsgebiete der Wikinger

Norwegen

Finnland

Schweden

Ostsee

Dänemark

Das nordische Wort „vikingr" bedeutet übersetzt „Seeräuber". Es war bei den Wikingern der Name für Männer, die mit ihren Schiffen zu Überfällen aufbrachen.

● Die Wikinger liebten das Meer, das ihre Heimat umgab. Sie bauten stabile Schiffe und waren für ihren Mut als Seefahrer berühmt.

Reisen über das offene Meer steckten voller Gefahren. Mancher Wikinger kam dabei ums Leben.

Skandinavien ist voller Berge. Befestigte Wege gab es zur Zeit der Wikinger kaum. Zu vielen Küstenorten war daher das Meer die schnellste Verbindung.

● Doch die Wikinger fuhren nicht immer zur See. Sie lebten zu Hause auch als Bauern, Jäger oder Handwerker. Die Familien wohnten auf einsam liegenden Gehöften oder in kleinen Siedlungen.

Viele Wikinger waren Fischer.

Scheune

Stallgebäude

Als Gemüse baute man zum Beispiel Rüben, Erbsen, Zwiebeln und Kohl an.

Pelztierjäger erlegten Marder, Füchse oder Bären.

In der Heimat der Wikinger war es oft kalt und ungemütlich. Besonders hart waren die langen, dunklen Winter. Dann waren die Höfe monatelang eingeschneit. Manchmal lebten bis zu 30 Menschen unter einem Dach. Es war eng, denn die meisten Häuser besaßen nur einen einzigen großen Wohnraum.

Das Holz musste über den langen Winter reichen.

Wohlhabende Wikinger konnten sich Truhen und Betten leisten.

In den Lampen brannte Öl von Walen.

Brot aus Gerstenmehl

Boden aus gestampftem Lehm

Das Langhaus hatte oft keine Fenster. Obwohl es im Dach ein Loch für den Rauch gab, war der Raum häufig verqualmt.

Wintervorräte

Für den Winter legten die Wikinger Vorräte an. Fleisch und Fisch wurden geräuchert oder an der Luft getrocknet. Man machte Käse, braute Bier und sammelte Beeren, Nüsse und Honig. Das wichtigste Nahrungsmittel war Getreide. Nach einer schlechten Ernte litt die Familie am Ende des Winters oft Hunger.

Man arbeitete und schlief auf Holzpodesten entlang der Hauswand.

Der Kessel über dem Herdfeuer wurde beim Schmied gekauft. Alles andere, was man brauchte, stellte man möglichst selbst her.

wärmende Decke aus Fell

selbst getöpferte Tongefäße

erhöhte Feuer-stelle aus Stein

Welche Kleidung trugen die Wikinger?

Reiche Wikinger trugen Gewänder aus feinen Stoffen, die kunstvoll verziert waren. Ihre Knechte und Mägde besaßen dagegen nur einfache Kleidungsstücke aus grobem Wolltuch. Wie wohlhabend und bedeutend ein Wikinger war, konnte man also an seiner Kleidung erkennen.

Arbeitswams aus Wollstoff

Der Umhang wurde von einer Ringfibel gehalten.

Ein weicher Pelz schützte vor der Kälte.

Freie Handwerker und Bauern trugen über Unterhemd und Hose eine knielange Tunika mit Gürtel.

Die mächtigsten Wikinger waren die Könige und Häuptlinge. Sie regierten das Volk aus freien Bauern, Jägern, Fischern und Handwerkern. Die dritte Schicht bildeten arme Knechte und Mägde. Die wenigsten Rechte besaßen Sklaven.

● Auf den Raubzügen trugen nur wohlhabende Anführer schützende Kettenhemden aus Eisen.

Lederkappe

Beil

Tunika aus Wollstoff

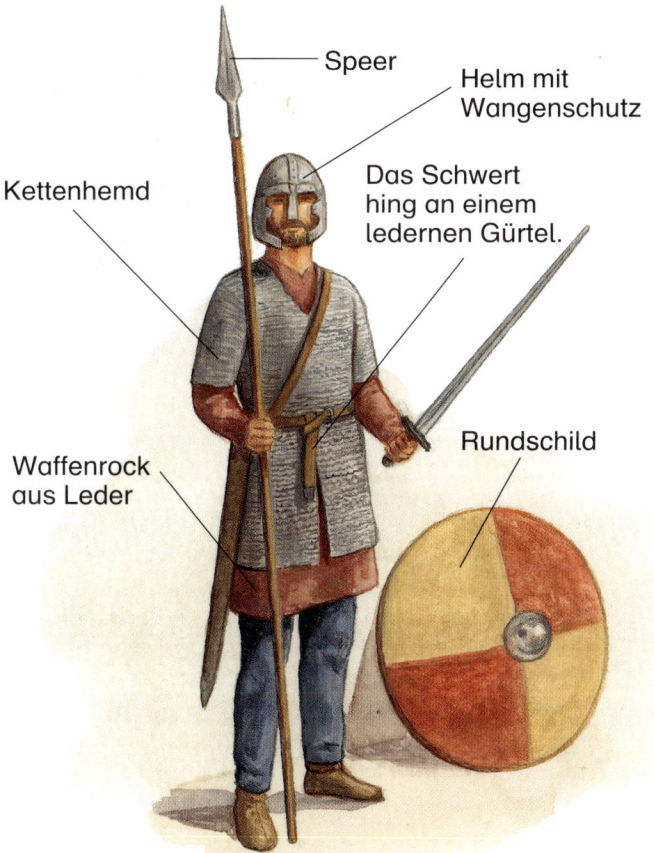

Speer

Helm mit Wangenschutz

Das Schwert hing an einem ledernen Gürtel.

Kettenhemd

Waffenrock aus Leder

Rundschild

Die Wikinger, die für ihren Häuptling oder König in die Schlacht zogen, hatten keine Uniform. Auf dem Kopf trugen sie einfache Lederkappen.

● Helme mit Hörnern trugen Wikinger niemals. Das ist nur eine Legende. Im Kampf hätten die Hörner sogar gestört. In der Wikingerzeit waren spitze Helme beliebt.

Nasenschutz

Dieser Helm schützte auch die Augen.

Die Frauen der Anführer und der freien Männer waren bei den Wikingern sehr angesehen. Haus und Hof waren ihr Reich. Hier trafen sie alle Entscheidungen alleine. Das war wichtig, denn ihre Männer gingen manchmal monatelang auf Reisen.

Wikingerfrauen liebten Schmuck. Diese Kette besteht aus Eberzähnen, Bernstein und buntem Glas.

Freie Frauen trugen über einem langen Unterkleid einen weiten Trägerrock. Er wurde mit Schalenspangen befestigt.

Webstuhl

Die Magd bügelt mit einem erwärmten Glasstein.

verzierte Schalenspange

Schafswolle zum Spinnen

Bügelbrett aus Walknochen

Schlüssel aus Bronze

Die Hausherrin trug den Hausschlüssel als Zeichen ihrer wichtigen Stellung sichtbar bei sich. Sie verwaltete den Familienbesitz.

● Frauen verbrachten viele Stunden am Herd, um für die große Familie zu kochen. Meistens gab es zwei Mahlzeiten am Tag.

Kräuter gaben den Speisen zusätzlich Geschmack.

Schwere Arbeiten erledigten Sklavinnen.

Mit der steinernen Handmühle wurde Mehl gemahlen.

Nahrungsmittel wurden in Fässern oder Bottichen gelagert.

● Wikingerkinder kannten keine Schule. Sie halfen im Haus und draußen bei der Arbeit mit. Dabei lernten sie alles, was für ihr Leben wichtig war.

Frisch gefangene Fische wurden zu haltbarem Stockfisch getrocknet.

Mütter zeigten den Mädchen, was eine Hausfrau können musste.

Für Wikinger war ihre Familie sehr wichtig. Eine große Verwandt-schaft bot dem Einzelnen starken Schutz. Denn jeder war verpflichtet, alle anderen Mitglieder der Familie zu verteidigen. Die Anführer solch einer Sippe waren besonders furchtlos und klug. Unter ihnen wählte man den Häuptling einer Region.

Alle freien Männer eines Gebietes trafen sich regelmäßig, um wichtige Dinge zu entscheiden. Diese Versammlungen nannte man Thing. Ein Thing konnte mehrere Tage dauern.

Bei einem Thing wurden neue Häuptlinge gewählt oder Raubzüge geplant.

Jeder erwachsene freie Mann durfte Waffen tragen.

● Wikinger hatten keine Polizei und keine Gefängnisse. Vom Thing verurteilte Verbrecher konnten daher nicht eingesperrt werden. Bei einem Thing trugen Kläger ihr Anliegen vor. Anschließend fällten alle gemeinsam das Urteil über Betrüger, Diebe oder Mörder.

Mord wurde am härtesten bestraft: Der Mörder verlor alle Rechte. Ihm blieb nur die Flucht in ein anderes Land, denn jeder durfte ihn nun selbst straflos töten.

● Oft rächten sich Wikingerfamilien auch ohne Urteil des Things an-einander. Manchmal gab es so schwere Kämpfe, dass sich ganze Sippen gegenseitig umbrachten.

Wikinger waren schnell in ihrer Ehre gekränkt. Es reichte eine Beleidigung und der Streit begann.

Wikinger liebten große Feste. Dazu gehörten oft auch sportliche Wettkämpfe. Im Spiel erprobten die Männer ihre Kraft und ihr Können. Denn Stärke, Schnelligkeit und Ausdauer waren zum Überleben in der rauen Natur und auf den Raubzügen wichtig.

Zwei Ringer messen ihre Kräfte.

Auch die Jungen üben bereits.

Weitsprung

Speerwerfen, Bogenschießen und Schwertkampf wurden für Raubüberfälle trainiert.

Ein beliebter Sport war das Steinestoßen.

Im Sommer

Die Wikinger lebten nah am Meer. Im Sommer fanden deshalb Wettkämpfe im Schwimmen, Tauchen und Rudern statt. Besonders Mutige wagten es sogar, in voller Fahrt auf die Ruderriemen eines Bootes zu steigen und darüber zu laufen!

● Im Winter holten die Wikinger ihre Schlitten hervor. Auch Schlittschuhe gab es schon.

Als Kufen dienten an den Schuh-
sohlen festgebundene Tierknochen.

Seen und Flüsse waren
monatelang fest zugefroren.

● Bei Feiern aßen und tranken die Wikinger ausgiebig. Es wurde Musik gespielt und getanzt.

Anlässe für Feste waren die Rückkehr
der Männer von langen Reisen oder der
Wechsel der Jahreszeiten.

Sänger und Dichter nannte
man Skalden. Ihre Aufführun-
gen waren sehr beliebt.

Flöte und Harfe

Wikinger kannten schon Brett-
spiele und würfelten gerne.

Wikinger waren wagemutige Seefahrer. Sie gingen mit ihren Schiffen auf Beutezüge und abenteuerliche Entdeckungsfahrten oder segelten als Händler über die Meere. Dabei bereisten sie vor allem Europa. Die Wikinger kamen aber auch bis nach Island, Grönland und Nordamerika und befuhren das Schwarze Meer in Russland.

— Seereisen der Wikinger

■ Heimat der Wikinger und Siedlungsgebiete

Norwegen

Finnland

Schweden

England

Irland
Dublin

Dänemark

Im 9. Jahrhundert eroberten Wikinger die Nordküste Frankreichs. Diese Gegend heißt noch heute Normandie: „Land der Männer aus dem Norden".

Haithabu

Hamburg

Wikinger siedelten auch in Süditalien und Nordafrika.

Paris

Mainz

Über Flüsse erreichten die Wikinger auch Städte, die weit im Landesinnern lagen.

Rom

Cordoba

Reiche Städte

Die Fernhändler der Wikinger erzählten zu Hause von reichen Städten und Klöstern, die sie auf ihren Reisen gesehen hatten. Das weckte die Gier der Seeräuber – und sie brachen zu Beutezügen auf.

● Soweit es möglich war, segelten Wikinger an den Küsten entlang. Sie wagten sich aber auch weit auf das offene Meer hinaus.

Auf hoher See sahen die Wikinger viele Tage kein Land. Tagsüber orientierten sie sich am Stand der Sonne. Nachts wies ihnen bei klarem Himmel der Polarstern den Weg.

Auch Wolken über unsichtbaren Inseln oder der Zug der Wale waren Hilfen zur Orientierung.

● Seereisen waren mühevoll und gefährlich. Auf dem Schiff gab es kein Dach, um sich vor eisigen Winden und Regen zu schützen.

Lebensmittel, die nicht nass werden durften, wurden in Ledersäcken gelagert, die mit Harz abgedichtet wurden.

An Bord durfte niemand Feuer machen. Deshalb gab es kein warmes Essen.

Es reisten auch Haustiere wie Ziegen, Rinder oder Gänse mit.

Die Heimat der Wikinger war von Wasser umgeben. Den hohen Wellen dieser nördlichen Meere konnten nur stabile Schiffe standhalten. Über die Jahrhunderte entwickelten die Wikinger den Bootsbau daher immer weiter. Ihre Kriegsschiffe und Handelsschiffe waren die besten ihrer Zeit.

Besonders wertvolle Schiffe überwinterten in einem Schuppen.

Langschiffe waren leicht und schmal – und daher schnell und wendig. Sie konnten gerudert und gesegelt werden.

Klinkerbauweise

Ein Merkmal der Wikingerschiffe war ihre Klinkerbauweise: Die Planken der Bordwand überlappten sich wie die Ziegel eines Daches. Das Holz wurde mit Nägeln zusammengehalten. Diese Bauweise verlieh den Schiffen eine besondere Biegsamkeit.

In den Schiffswerften baute man auf Bestellung auch Prunkschiffe. Diese waren besonders elegant.

Die Schiffe der Wikinger konnten nur mit dem Wind segeln. Bei Gegenwind oder Windstille mussten die Männer weite Strecken rudern.

Das robuste Knorr verwendete man für Handelsreisen und Siedlungsfahrten. Es war rundlicher und langsamer als das Langschiff und weniger verziert.

Langschiffe wurden für Raubzüge genutzt. Man nannte sie auch Drachenschiffe. Die grimmige Galionsfigur sollte wohl den Feind erschrecken und böse Geister vertreiben.

geschnitzte Zierleiste mit Drachenkopf

Laderaum für Waren und Tiere

Leichte Mehrzweckboote wurden im Krieg oder für den Transport von Waren eingesetzt.

Steuerruder

Die Schiffe wurden sorgfältig gepflegt. Im Herbst zog man sie an Land, damit sie nicht ins Eis gerieten.

Die Wikinger waren als grausame Piraten gefürchtet. Bei ihren Angriffen versuchten sie, ihre Feinde zu überrumpeln. Wie aus dem Nichts tauchten die Drachenschiffe an den Küsten auf. Dann raubten die Männer in Windeseile Kirchen oder Siedlungen aus und flüchteten so schnell, wie sie gekommen waren.

Die erbarmungslosen Piraten steckten alles in Brand. Danach blieben nur noch Ruinen zurück.

Zu Raubzügen brachen oft viele Schiffe gemeinsam auf.

Durch ihren niedrigen Tiefgang konnten die Schiffe dicht an den Strand heranfahren.

Beginn der Überfälle

Der erste schriftlich überlieferte Überfall der Wikinger erfolgte im Jahr 793 auf das Kloster Lindisfarne. Es lag auf einer kleinen Insel vor England.

Die Wikinger raubten alles Wertvolle – auch Vieh, Lebensmittel und Werkzeug. Die Gefangenen nahmen sie als Sklaven mit.

● Auf ihre Waffen waren Wikinger besonders stolz. Die Klingen der zweischneidigen Schwerter waren bruchsicher und scharf.

Einfache Krieger besaßen oft nur ein kurzes Messer und eine Streitaxt.

Häuptlinge und Könige trugen prächtig verzierte Langschwerter.

Der Langbogen war die Fernwaffe der Wikinger. Schnelle Schützen schafften es, zwanzig Pfeile in der Minute abzuschießen.

Die Kämpfer schützten sich mit runden Holzschilden. Der eiserne Buckel in der Mitte bedeckte den dahinterliegenden Handgriff.

Während der Fahrt befestigte man die Schilde an der Reling. Sie schützten vor hohen Wellen und ließen das Schiff bedrohlich aussehen.

Wikinger gingen mit ihren Schiffen nicht nur auf Beutezüge. Sie unternahmen auch Entdeckungsfahrten. Dabei suchten sie neue Gebiete, in denen sie leben konnten. Denn Wikinger hatten viele Kinder, doch nur der Älteste bekam den Hof der Eltern. Die anderen Söhne mussten für sich eigenes fruchtbares Land finden – und das wurde zu Hause immer knapper.

Nicht alle Seeräuber kehrten nach Überfällen in die Heimat zurück. Unbarmherzig vertrieben sie Bauern von ihren Höfen und bebauten selbst das Land. So entstanden die ersten Siedlungen an den Küsten Englands, Irlands und Frankreichs.

In einigen Gegenden wurden Wikinger sogar die neuen Herrscher. Sie gründeten eigene mächtige Reiche.

● Die Wikinger wagten es auch, auf das offene Meer hinauszufahren, um neue Länder zu entdecken. Um das Jahr 860 erreichten die kühnen Seefahrer zum ersten Mal Island.

Island heißt übersetzt „Eisland". Auf der Insel ließen die Wikinger ihre Häuser mit Gras überwachsen, um sie gegen die Kälte zu schützen.

Vor allem Wikinger aus Norwegen suchten neues Land, weil ihre Heimat dicht besiedelt war.

● Manche Wikinger hatten einen besonderen Grund, ihre Heimat zu verlassen: Sie hatten getötet und wurden vom Thing aus dem Land verbannt. Einer der berühmtesten Wikinger war Erik der Rote. Er musste Island nach blutigen Streitigkeiten für drei Jahre verlassen.

Im Jahr 982 belud Erik der Rote seinen Knorr und segelte nach Nordwesten. Dort entdeckte er eine große Insel.

Die Insel war von Eis bedeckt, aber an einigen Küsten wuchs auch kurzes Gras. So bekam sie den Namen Grönland: „Grünes Land".

Nach drei Jahren segelte Erik der Rote zurück nach Island und lockte weitere Siedler nach Grönland.

Wer sah als erster Wikinger Amerika?

Im Jahr 985 wollte der junge Fernhändler Bjarne Herjolfsson von Island nach Grönland segeln. Doch Nebel und heftige Stürme ließen seinen Knorr weit nach Südwesten abtreiben. Dort sichteten Herjolfsson und seine Männer ein unbekanntes Land. Heute weiß man, dass sie die ersten Wikinger waren, die Nordamerika sahen – aber sie betraten es nicht.

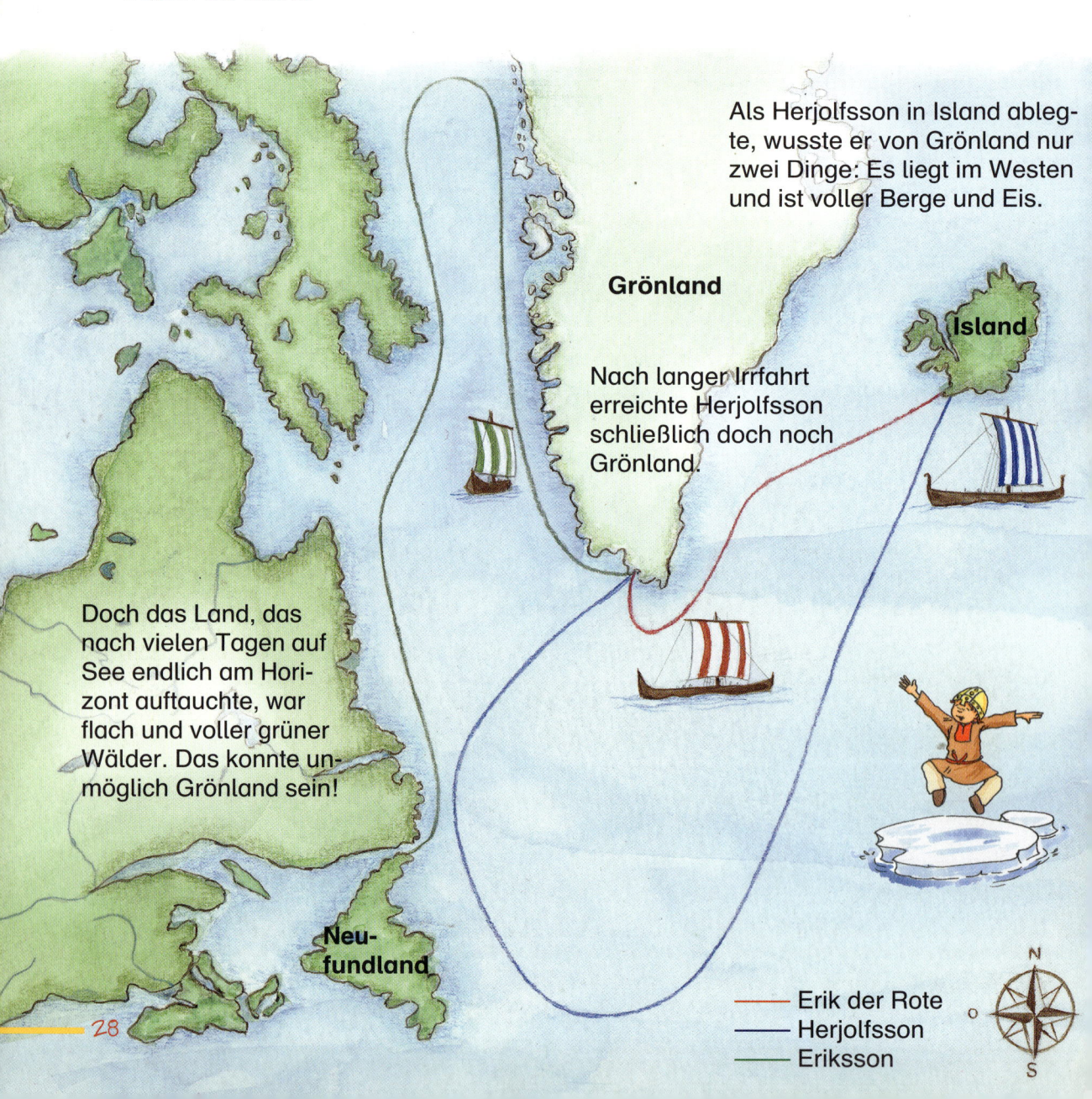

Als Herjolfsson in Island ablegte, wusste er von Grönland nur zwei Dinge: Es liegt im Westen und ist voller Berge und Eis.

Grönland

Island

Nach langer Irrfahrt erreichte Herjolfsson schließlich doch noch Grönland.

Doch das Land, das nach vielen Tagen auf See endlich am Horizont auftauchte, war flach und voller grüner Wälder. Das konnte unmöglich Grönland sein!

Neufundland

— Erik der Rote
— Herjolfsson
— Eriksson

🔴 In Grönland erzählte Herjolfsson von dem bewaldeten Land, das er gesehen hatte. 14 Jahre später brach Leif Eriksson auf, um dieses unbekannte Land wiederzufinden.

Leif war der älteste Sohn von Erik dem Roten. Er war wohl der erste Europäer, der amerikanischen Boden betrat.

So soll die Siedlung der Wikinger bei L'Anse aux Meadows an der Nordspitze Amerikas ausgesehen haben.

Das fruchtbare Gebiet, in dem Eriksson anlegte, nannte er Vinland: „Weinland".

🔴 Die Wikinger beschlossen, Vinland zu besiedeln. Aber es kam immer wieder zu heftigen Kämpfen mit den Ureinwohnern Amerikas.

Die Ureinwohner waren zahlenmäßig weit überlegen.

Einige Jahre später gaben die Wikinger den Versuch auf, in Amerika zu leben.

Im frühen Mittelalter entstand auf der Welt ein neuer Beruf: der des Fernhändlers. Vor allem den schwedischen Wikingern gefiel es besser, durch Handel statt durch blutige Raubzüge reich zu werden. Sie reisten weit herum, um Waren zu verkaufen oder gegen Dinge aus fernen Ländern einzutauschen.

Ein berühmter Handelsplatz der Wikinger war die Stadt Haithabu. Sie entstand an der Kreuzung verschiedener Handelswege.

Am Hafen befanden sich Werkstätten, Lagerhäuser und Werften.

An langen Stegen konnten viele Schiffe anlegen.

● Über die Wasserwege wurden alle möglichen Waren transportiert. Die Reisen führten dabei bis in den Orient. Die Wikinger boten Pelze, Leder, Bernstein, Holz, Waffen und Speckstein an. Sie tauschten dafür Wein und Silber, kostbare Stoffe, Gewürze und Schmuck.

In Haithabu fand der größte Sklavenmarkt der Wikinger statt.

● Die Waren wurden getauscht oder mit Gewichtsgeld bezahlt. Dieses sogenannte „Hacksilber" war eine Erfindung der Wikinger.

In Haithabu wurden wahrscheinlich die ersten Münzen der Wikinger geprägt. Trotzdem zahlten die Händler noch lange Zeit lieber mit Hacksilber.

Um Hacksilber herzustellen, zerbrachen die Wikinger ausländische Münzen, Schmuck oder Silberbarren.

Mit den kleinen Stücken wurde der Kaufpreis auf der Waage genau abgewogen.

Balkenwaage

Die Wikinger waren nicht nur Seeräuber und Händler, sondern auch begabte Handwerker. Auf dem Land war es zwar üblich, fast alles, was man brauchte, selbst herzustellen. Aber in den reichen Städten wohnten immer mehr Menschen, die schöne Dinge kaufen wollten. So begannen die Handwerker, ihre Waren kunstvoll zu verzieren.

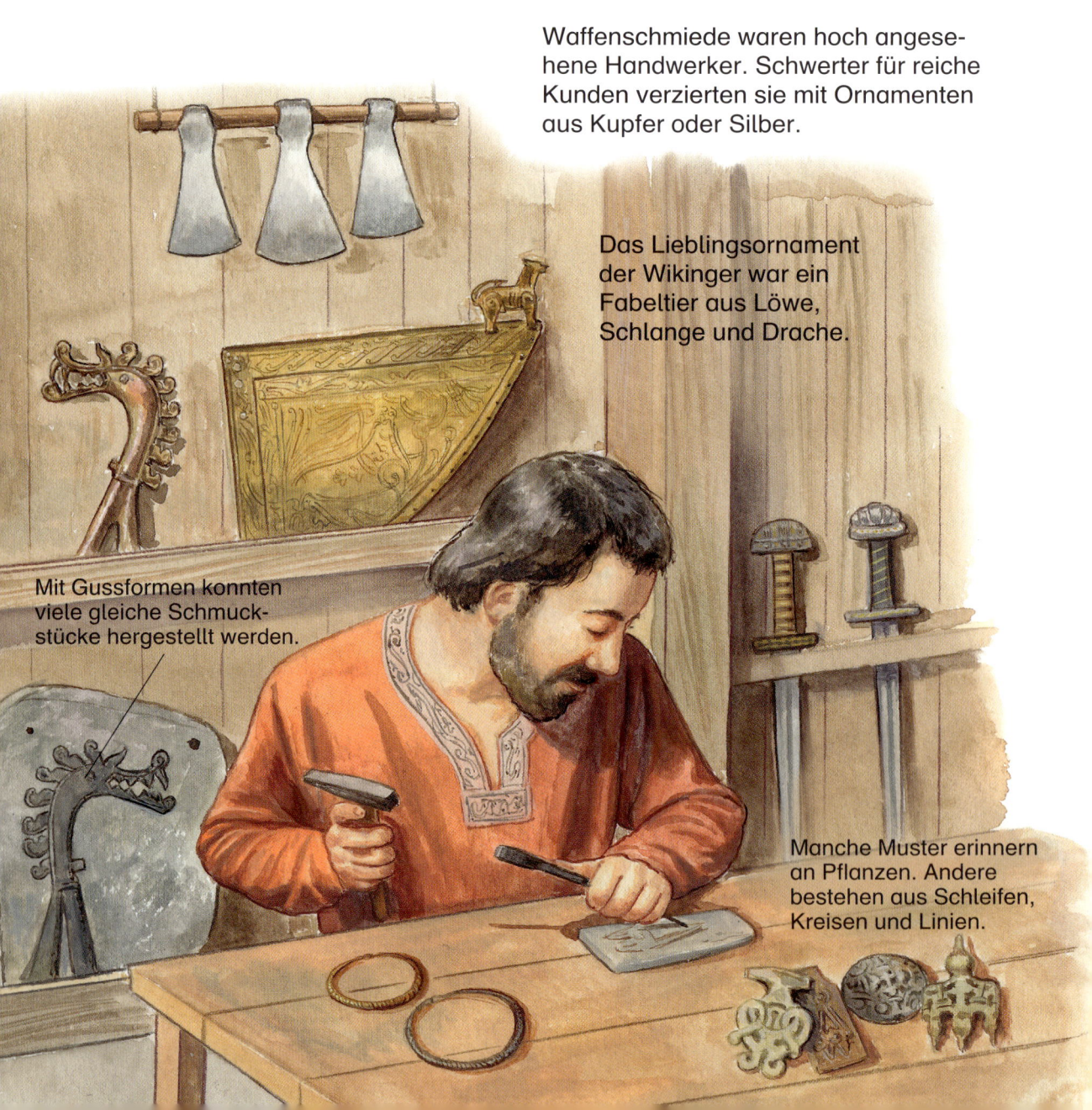

Waffenschmiede waren hoch angesehene Handwerker. Schwerter für reiche Kunden verzierten sie mit Ornamenten aus Kupfer oder Silber.

Das Lieblingsornament der Wikinger war ein Fabeltier aus Löwe, Schlange und Drache.

Mit Gussformen konnten viele gleiche Schmuckstücke hergestellt werden.

Manche Muster erinnern an Pflanzen. Andere bestehen aus Schleifen, Kreisen und Linien.

● Gegenstände aus Holz oder Elfenbein verzierten die Wikinger mit Schnitzereien. Sie schufen prachtvolle Möbelstücke, aber auch winzige Figuren.

Diese Spielfiguren wurden aus dem Stoßzahn eines Walrosses geschnitzt.

● In den Handelsstädten entstanden neue Handwerksberufe. Es gab zum Beispiel Gerber und Färber, Bernsteinschleifer, Glasmacher, Goldschmiede und Kammmacher.

Kammmacher hatten bei den Wikingern viel zu tun. Denn Wikinger wurden oft von Kopfläusen geplagt. Sie versuchten, die Tierchen aus den Haaren zu kämmen.

Die Kämme entstanden aus Knochen oder Geweihen von Hirschen, Rentieren oder Elchen.

Der Kammmacher stellte auch Löffel, Messergriffe oder Trinkgefäße aus Kuhhörnern her.

Die Wikinger erfanden keine eigene Schrift. Sie benutzten Zeichen, die sich Jahrhunderte vor ihnen die Germanen ausgedacht hatten. Mit diesen Runen schrieben Wikinger aber keine Bücher. Sie meißelten nur kurze Texte in Stein oder schnitzten sie in Holz und Knochen.

Zur Erinnerung an Verstorbene wurden oft Gedenksteine angefertigt.

Der berühmte „Erikstein" wurde bei Haithabu gefunden. Die Inschrift berichtet, dass der Wikinger Erik im Jahr 983 als „tapferer Krieger" im Kampf um die reiche Stadt starb.

Geheimnisvolle Runen

Das germanische Wort „Runo" bedeutet übersetzt „Geheimnis". Denn Runen sollten magische Kräfte besitzen. Man ritzte sie in kleine Amulette, die dem Besitzer Glück bringen sollten. Mit den Runen versuchte man außerdem, in die Zukunft zu schauen oder Schwerter für den Kampf zu verzaubern.

Die Runenschrift bestand aus geraden Linien. Dadurch ließ sie sich gut eingravieren.

● Die Runenschrift der Wikinger besaß 16 Zeichen. Von Gegend zu Gegend unterschieden sich die Formen der Runen ein wenig.

Die bekannteste Runenreihe heißt „futhark". Sie wurde nach den ersten sechs Zeichen benannt.

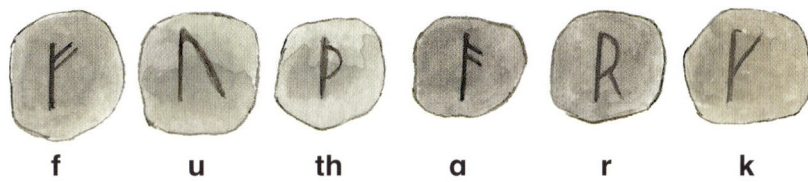

f   u   th   a   r   k

h

Jeder Buchstabe war gleichzeitig ein ganzes Wort. Der Laut „h" wurde zum Beispiel wie „haglan" ausgesprochen. Er bedeutete „Unwetter".

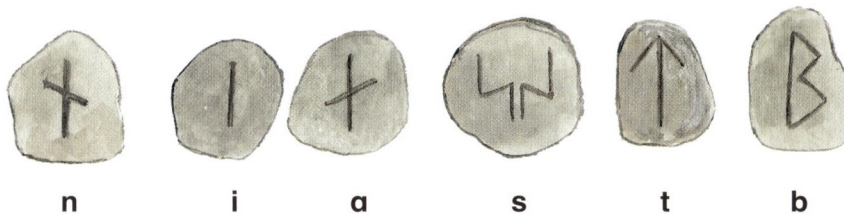

n   i   a   s   t   b

Runeninschriften sind nicht leicht zu lesen. Die Wikinger kannten nämlich keine Regeln für die Schreibrichtung. Die Zeichen durften sogar auf dem Kopf stehen.

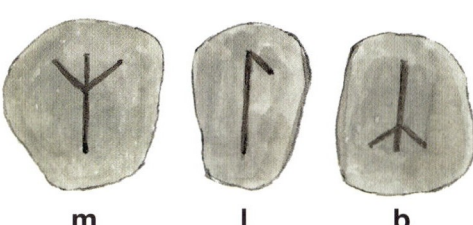

m   l   b

● Die Runenschrift wurde von den Wikingern auch für den Alltag genutzt. Als Schreibwerkzeug diente meistens ein Messer.

In Knochen oder längliche Hölzchen ritzten Wikinger kurze Mitteilungen ein: „Küss mich", steht auf diesem Liebesbrief.

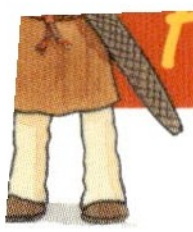

An welche Götter glaubten die Wikinger?

Die Wikinger glaubten lange Zeit an viele verschiedene Götter. Diese Götter waren nicht freundlich und friedlich. Sie besaßen übernatürliche Kräfte und waren furchtlose Kämpfer. Der Mut dieser Götter war für die Wikinger ein Vorbild: Im Kampf wollten sie genauso tapfer sein wie ihre göttlichen Helden.

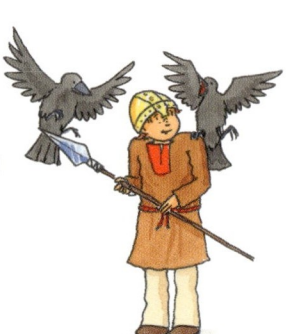

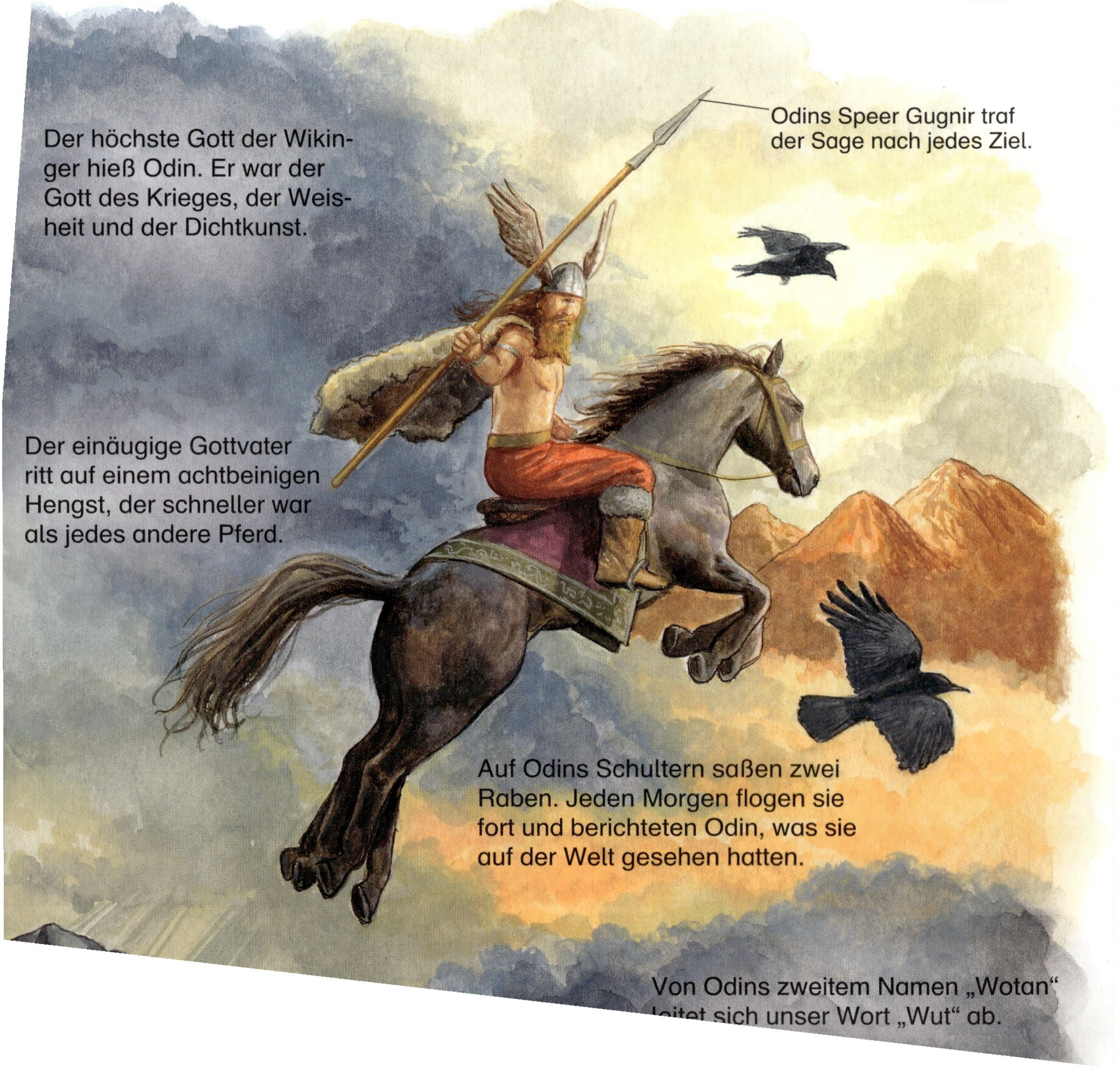

Odins Speer Gugnir traf der Sage nach jedes Ziel.

Der höchste Gott der Wikinger hieß Odin. Er war der Gott des Krieges, der Weisheit und der Dichtkunst.

Der einäugige Gottvater ritt auf einem achtbeinigen Hengst, der schneller war als jedes andere Pferd.

Auf Odins Schultern saßen zwei Raben. Jeden Morgen flogen sie fort und berichteten Odin, was sie auf der Welt gesehen hatten.

Von Odins zweitem Namen „Wotan“ leitet sich unser Wort „Wut“ ab.

● Der Wettergott Thor war der Sohn Odins. Er war ungeheuer stark. Die Wikinger mochten ihn daher besonders gerne.

Dem Glauben nach fuhr Thor mit einem Wagen, der von zwei Ziegenböcken gezogen wurde, über den Himmel. Dann bebte die Erde und der Donner grollte. Thor wurde daher auch Donar genannt. Daraus entstand unser Wort Donnerstag: der „Tag des Donars".

Viele Schmuckstücke hatten die Form eines Hammers. Dieser war das Zeichen von Thor.

● Jeder Wikinger wünschte sich, nach seinem Tod neben Odin in Walhall sitzen zu dürfen. Dorthin kamen nur die tapfersten Krieger.

Die Wikinger stellten sich vor, dass Walhall irgendwo ganz hoch im Norden lag, über den Wolken, auf einem unbekannten Berg. Es war das Paradies der Wikinger.

Walküren waren die Töchter Odins. Sie empfingen die toten Krieger in Walhall.

Die Wikinger stellten sich den Tod wie eine Reise in ein anderes Leben vor. Da sie am liebsten auf Schiffen reisten, beerdigten sie ihre Könige und Fürsten oft in echten Booten. Man gab alles mit ins Jenseits, was der Tote dort gebrauchen konnte: festliche Kleider und Schmuck, Waffen und Werkzeug.

In Hügelgräbern wurden vollständige Schiffe entdeckt. Das prachtvolle Osebergschiff ist für viele der schönste Fund aus der Wikingerzeit. Es wurde 1903 in der Nähe der norwegischen Stadt Oseberg ausgegraben.

Die feinen Holzschnitzereien enden in einem gewundenen Schlangenkopf.

Das Osebergschiff war das Grab einer reichen Frau.

Die Feuerbestattung

Die Wikinger begruben die Körper ihrer Toten nicht immer in der Erde. Oft wurden tote Krieger auch auf einem Scheiterhaufen oder gemeinsam mit ihrem Schiff verbrannt. An Deck des Schiffes wurde dann ein Holzhaus errichtet, in dem der Tote aufgebahrt wurde.

● Reiche Wikinger bekamen Pferde, Jagdhunde und sogar Sklaven mit ins Grab. Sie wurden getötet, um ihren Herrn ins Jenseits zu begleiten.

Durch die Grabbeigaben konnten die Toten im Jenseits würdevoll auftreten.

Dieser schön verzierte Schlitten stammt aus dem Osebergschiff.

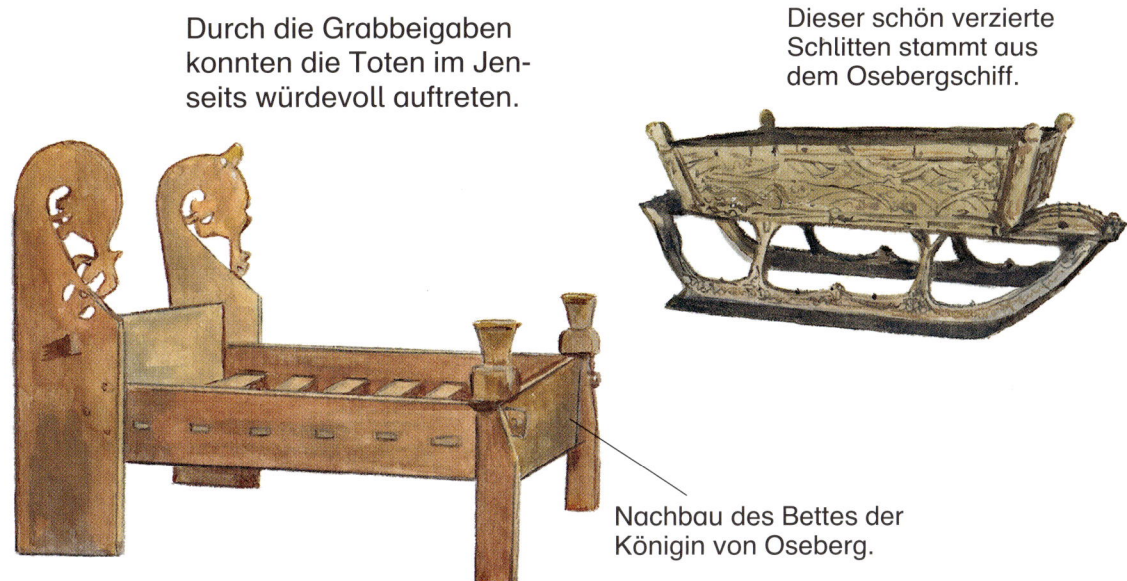

Nachbau des Bettes der Königin von Oseberg.

● Einfache Wikinger mussten auch im Jenseits mit wenigen Dingen auskommen. Sie wurden auch nicht in echten Schiffen beerdigt.

In Dänemark entdeckte man den größten Friedhof der Wikingerzeit.

Über den Toten wurden Steine in Schiffsform angeordnet.

Umrisse eines Schiffes

Die Wikinger hofften vielleicht, dass ihre armen Verstorbenen auch mit dem steinernen Schiff in eine andere Welt fahren konnten.

Im 9. Jahrhundert lernten die Wikinger das Christentum kennen. Sie begegneten dem neuen Glauben auf ihren Reisen. Außerdem kamen Missionare nach Skandinavien, um die Wikinger zu bekehren, und predigten ihnen von Güte und Nächstenliebe. Mit der Zeit wurden die Wikinger friedlicher – bis sie schließlich keine Raubüberfälle mehr unternahmen. Dies war das Ende der Wikingerzeit.

Als die Wikinger zu Christen wurden, bauten sie Kirchen aus Holz. Diese sogenannten Stabkirchen hatten sehr steile Dächer.

Der christliche Glaube verbot, was die Wikinger für richtig gehalten hatten: Raubzüge wurden zur Sünde und auch die Sklaverei war nicht mehr erlaubt.

Giebel und Türme waren mit Schnitzereien verziert.

In Norwegen sind noch etwa 20 Stabkirchen aus dem Mittelalter erhalten.

● Viele Wikinger ließen sich taufen. Aber sie beteten zur Sicherheit auch noch immer zu ihren alten Naturgöttern.

Mit dieser Gussform konnte das christliche Kreuz, aber auch der Hammer des Gottes Thor hergestellt werden.

Viele Fernhändler der Wikinger gewöhnten es sich an, als Anhänger ein Kreuz zu tragen. Dadurch wurden sie in den christlichen Ländern des Südens freundlicher aufgenommen. Außerdem sollte es ihnen den Schutz des neuen Gottes auf ihren Reisen sichern.

● Die große Zeit der wilden Wikinger endete im 11. Jahrhundert. Doch die „Männer aus dem Norden" sind nicht spurlos verschwunden.

Die Sagas

Die Wikinger gaben ihre Geschichte nur mündlich an die Nachkommen weiter. Erst durch die christliche Kirche kam die lateinische Schrift nach Skandinavien. Vieles über die Wikingerzeit wurde später in den nordischen Sagas niedergeschrieben.

Auch heute noch werden Funde aus der Wikingerzeit geborgen.

Zu den Bildern auf dieser Seite wird dir jeweils eine Frage gestellt. Wenn dir die Antwort nicht einfällt, dann suche im Buch einfach die abgebildete Illustration.

Warum sind diese Häuser mit Gras bewachsen?

Was ist das für eine Waffe?

Wie orientierten sich die Wikinger auf dem offenen Meer?

Was für ein Gewand trägt dieser Wikinger?

Wie heißt das Paradies
der Wikinger?

Wer ist das?

Was für Zeichen stehen
auf diesem Gedenkstein?

Woraus wurden Kämme
gemacht?

FRAG MICH WAS!

Dinosaurier

Altes Ägypten

Ritter

Steinzeit

Unter der Erde

Fußball

Sonne, Mond und Sterne

Feuerwehr

Weitere Titel der Reihe:

- Autos
- Bauernhof
- Die Erde
- Eisenbahn
- Flugzeuge
- Indianer
- Lastwagen
- Mein Körper
- Mineralien und Gesteine
- Pferde
- Piraten
- Schiffe
- Vulkane
- Wale und Delfine